BE CREATIVE WITH FAMILLE SUMMERBELLE

CONTENTS

Hello, Famille Summerbelle!
こんにちは、ファミーユ・サマーベル！ ･･････････････････････ 4

Introducing Famille Summerbelle
ファミーユ・サマーベルのみんなを紹介します ･･････････････ 6

The Work of Famille Summerbelle
ファミーユ・サマーベルの素敵な作品 ････････････････････ 8

HOME SWEET HOME
手づくりいっぱい！スウィートホーム

Living Room　リビングルーム ････････････････････････ 12
－ Shelf Houses　本棚を飾る、色とりどりのおうち ･････････ 15
Kitchen & Dining Room　キッチン＆ダイニングルーム ･････ 20
Kids' Room　子ども部屋 ･･････････････････････････････ 24
－ Mushroom on Vintage Wallpaper　きのこのウォールステッカー ････ 34

Anniversary Photo with Felt Letters　フェルト文字と一緒に記念撮影 ････ 38

Bedroom　ベッドルーム ･･････････････････････････････ 40
－ Branches with Paper Leaves　紙の葉っぱで、木の枝をデコレーション ････ 46
Simon's Office　サイモンさんのオフィス ････････････････ 50
Julie's Studio　ジュリーさんのアトリエ ･･････････････････ 52

Famille Summerbelle World Tour　思い出の世界旅行 ････････ 60

WEEKEND LIFE
家族で過ごすウィークエンド

Shopping at the Market　マルシェでお買い物 ································64

Lunch in the Sunny Garden　日あたりのよいお庭でランチ···················66

Promenade in Versailles　ヴェルサイユをお散歩 ······························70

HANDMADE IDEAS FOR PARTY DECORATION
手づくりデコレーションで、楽しいパーティ

− Customised Bottles and Jars　ボトルをカスタマイズ ······················76

− Crepe Paper Floral Head Dress　ペーパーフラワーのヘッドドレス ··········82

− Fairytale Princess Mobile　おとぎ話のプリンセス・モビール ················86

− Hanging Garland　ハンギング・ガーランド ·································92

− Cute Window Stickers　キュートなウィンドウ・ステッカー ··················94

− Colourful Wooden Sticks　カラフル・ウッドスティック ·····················100

− Twinkling Stars on the Window　窓にお絵描きトゥインクルスター ··········104

− Sunflower Paper Plates　ひまわりのペーパープレート ······················106

Preparation for a Party　パーティの準備をしましょう ·······················108

Home Baked Cakes and Sweets　手づくりのケーキとお菓子················114

PARTY TIME　パーティ・タイムのはじまり ···································117

HELLO, FAMILLE SUMMERBELLE !

こんにちは、ファミーユ・サマーベル！

ファミーユ・サマーベルとは、パリ郊外に暮らす
ジュリーさんとサイモンさんカップルのこと。
自宅にアトリエを構えて、家族の思い出が詰まった
ポエティックで、繊細な作品を発表しています。

私たちが、ファミーユ・サマーベルと出会ったのは
ふたりがオフェリアちゃんを連れて、旅をしていたとき。
世界旅行の最中に、東京に訪ねてきてくれたのでした。
あたたかいふたりの人柄に、かわいいオフェリアちゃん
そして素敵な作品の世界に、私たちは引きこまれました。

ルシアンくんも生まれて、いまでは家族4人になり
ますますファミーユ・サマーベルの世界は広がっています。
最初に発表した作品、ファミリー・ツリーのように、
自分たちの家に飾りたいと思ったものを作り出すふたり。
サマーベル家には、家族で過ごす愛情あふれる時間と
ものづくりのためのアイデアがあふれています。
さぁ、扉をノックして HELLO, FAMILLE SUMMERBELLE！

ジュウ・ドゥ・ポゥム

My Family Tree

INTRODUCING FAMILLE SUMMERBELLE

ファミーユ・サマーベルのみんなを紹介します

Imaginative creations born from the combination of family life experiences and a love of design and interior decoration.

ジュリー・マラベルさんとサイモン・サマースケルズさんの出会いから生まれたファミーユ・サマーベル。オフェリアちゃんとルシアンくんと一緒に過ごす家族の時間と、デザインやインテリアへの愛情から、作品づくりはスタートしました。フランス語で家族を意味する「ファミーユ」と、ふたりのファミリーネームを組みあわせた「サマーベル」から付けられたブランド名にも、大切な家族への思いがこめられているのがわかります。

Julie　ジュリー

Mother, Founder and Designer of Famille Summerbelle

ファミーユ・サマーベルのイメージとデザインを手がけるママ。作品づくりの背景にあるのは、パリで学んだファイン・アートと、ロンドンで学んだ劇場のセットデザイン。ストーリーを感じる世界観を、職人のような手先で、紙の上に繊細に浮かびあがらせます。

Simon　サイモン

Father, Founder and Managing Director of Famille Summerbelle

いつもやさしいパパは、ファミーユ・サマーベルのすべてを取り仕切るマネージング・ディレクター。ロンドンで国際的な広告代理店に勤めたのちに、ジュリーさんのイマジネーションが詰まった世界を支えるお仕事に。自転車が大好きで、レースにも出場するほど。

Ophélia オフェリア

A girl who makes people smile. Five and a half years old.
みんなを笑顔にさせる、ファミーユ・サマーベルのアイドル。お絵描きや工作が得意なのは、子どものころのママと一緒。フランス語も英語もおしゃべりできて、いまは文字を読み書きすることにチャレンジしている好奇心旺盛な5歳と6か月の女の子です。

Ophélia

Lucien ルシアン

A boy with lovely rosy cheeks. Two and a half years old.
ふっくら赤いほっぺが愛らしい、ファミーユ・サマーベルの小さな天使。2歳になってから車に興味を持ちはじめ、ミニカーやガレージのおもちゃがいまのお気に入り。おでかけのときは、いつも赤ちゃん人形を乗せたバギーカーを押しながら歩きます。

Lucien

THE WORK OF FAMILLE SUMMERBELLE

ファミーユ・サマーベルの素敵な作品

オフェリアちゃんの子ども部屋をかわいく飾って
あげたいという思いが、ファミーユ・サマーベ
ルのコレクションのはじまり。バッグやプリント
テープ、ティータオルなど、切り絵作品をベー
スに手のぬくもりを感じさせる、グラフィカル
なデザイン・アイテムを発表しています。

PARIS
MARYLEBONE
BAYSWATER
SOHO
MAYFAIR
CHELSEA
SOUTHWARK
VAUXHALL
BATTERSEA

10

Welcome to our home!

Hello

HOME SWEET HOME

手づくりいっぱい！スウィートホーム

ファミーユ・サマーベル家が暮らすのは、パリ郊外の街。れんがで作られたモザイクの外壁には「美しい眺め」という意味のフランス語が書かれた、タイルが掲げられています。19世紀末から20世紀はじめに活躍した、彫刻家で画家のマイヨールが、その昔は暮らしていたことも。建物の美しさに見入っていたら、玄関までオフェリアちゃんが迎えに出てくれました！

LIVING ROOM
リビングルーム

玄関から階段をのぼっていくと、1階の右手に広がるのがリビングルーム。ソファーの上には、色とりどりの布で、ジュリーさんが手づくりしたクッションが並びます。のみの市で見つけたキッズ・チェアの上には、オリジナルのテキスタイル「ロザンジュ」のクッションも。テキスタイル雑貨で取り入れたポップな色が、インテリアのアクセントです。

14

SHELF HOUSES

本棚を飾る、色とりどりのおうち

アートやデザインの本を集めるのが好きというジュリーさん。リビングの大きな棚には、たくさんの本が並んでいます。この本棚を楽しくデコレーションしようと生まれたのが、色とりどりのおうち。えんとつに両面テープを貼って、棚板にペタペタ。カラフルな街が生まれました。

Making the Houses
おうちの作り方

Draw the shape of the house on the back of coloured paper.
いつでも使えるように、好きな色にペイントした画用紙をたくさんストックしているジュリーさん。その紙に、おうちを描いていきます。

Cut out the form of the house with a scalpel (sharp knife).
描いたラインに沿って、おうちをデザインナイフで切り出していきます。角やカーブは、カッターを動かすよりも、紙をまわしていくのが、上手に切るコツ。

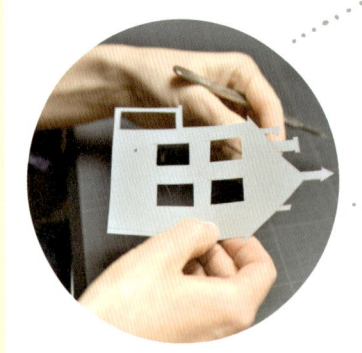

Style and then cut your windows and doors.
ジュリーさんは窓の部分を描かずに、インスピレーションで切ってしまいます。慣れないあいだは、描いてから切り出してね。

Your house is finished!
できあがり！えんとつがたくさん付いたおうちや背の高いビル、いろいろな建物を楽しく作ってみて。

17

TOWN HOUSES

19

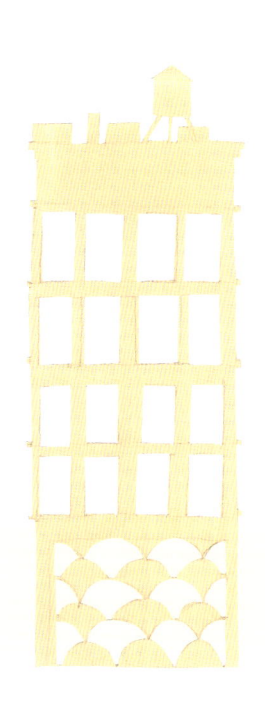

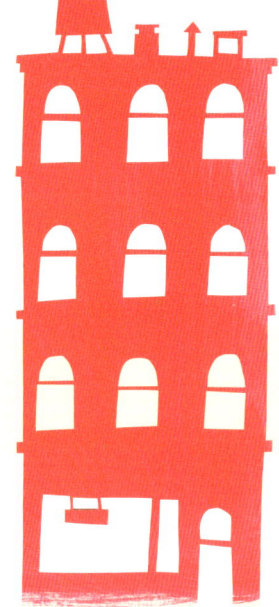

KITCHEN AND DINING ROOM

キッチン & ダイニングルーム

リビングの隣のキッチン＆ダイニングをのぞいてみると、ちょうどランチタイム。ルシアンくんはみんなより先にごはんにして、お腹いっぱいになったらお昼寝です。そのあいだに大人がランチをとるというのが、毎日のスケジュール。壁面にディスプレイしたペーパーカット・マップは、ジュリーさんとサイモンさんが出会った街、ロンドンのもの。

DRAWING ON THE BLACK BOARD

オフェリアちゃんのお絵描き黒板

LUCIEN
OPHELIA

Follow me /

KIDS' ROOM
子ども部屋

階段をあがって、2階にある子ども部屋。ルシアンくんのベッドは、イギリスの「ママス&パパス」のもので、以前オフェリアちゃんが使っていたもの。家具はできるだけシンプルなデザインにして、手づくりのクッションやガーランドを飾ったり、イスやフォトフレームをプリントテープでカスタマイズしたりして、キュートな子ども部屋を作り出しています。

26

LUCIEN

LUCIEN

27

28

Homemade Dolls House

ずっとドールハウスを欲しがっていたオフェリアちゃん。おばあちゃんが譲ってくれた小さなキャビネットを、パパとママはドールハウスに変身させることに。全体をブルーグレーに屋根は赤くペイントして、小さな家具を並べたら、オフェリアちゃんが描いたイラストで壁をデコレーション。プレイモービル人形にぴったりサイズのおうちができました。

30

のみの市で見つけた人形用のハイチェアは、オフェリアちゃんと一緒にペイント。鳥たちがキスをしながら連なる「キッシング・バーズ」のクッションを置いて。

31

A SUNDAY IN PARIS

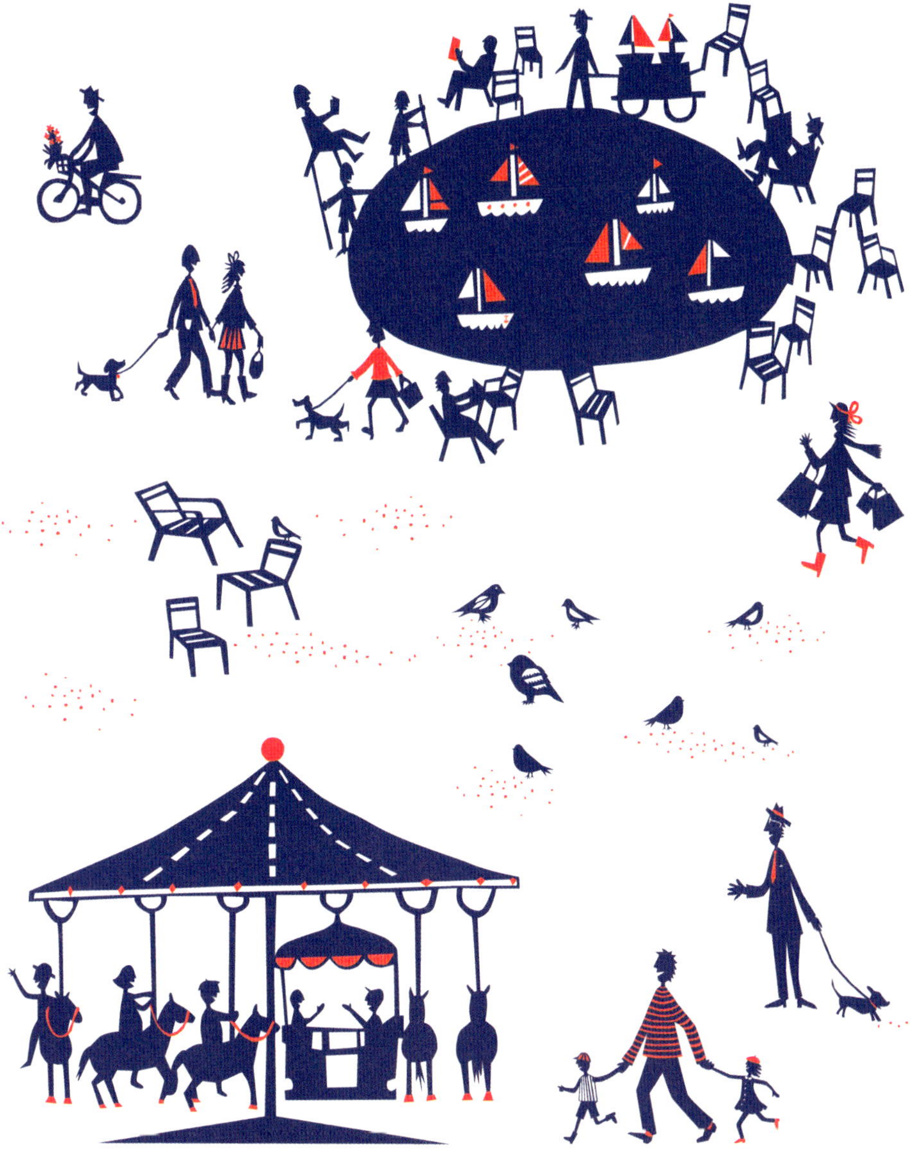

MUSHROOM ON VINTAGE WALLPAPER
きのこのウォールステッカー

おうちの近くにある森で、秋になるときのこ狩りを楽しむというファミーユ・サマーベル家。その形が大好きというマッシュルームは、子ども部屋にぴったりのモチーフ。色や柄が美しいヴィンテージ壁紙は、ジュリーさんお気に入りのドイツのオンラインショップで見つけたもの。この壁紙を素材にきのこを作って、壁を飾りましょう。

Making a Mushroom Paper Cut

マッシュルームの作り方

Choose a style of wallpaper - any size depending on how big you want your mushroom!

壁紙を選びましょう。壁紙のサイズは、どんな大きさのきのこを作りたいかにあわせてね。

On the reverse of the paper, draw the mushroom. Maybe use an image to get the general form of the mushroom.

壁紙の裏側に、きのこのイラストを描きます。切り抜くラインだけを描くのではなく、ディテールも含めて全体をスケッチするほうが、仕上がりイメージがわきやすいですよ。

Cut the general form of mushroom first, and then look at adding the detail to the stem spores and cap of the mushroom.

まずは外側のラインに沿って、カッターで切り抜いていきます。そしてかさの模様や裏の筋目など、きのこの内側のディテールをカットします。

Making a Mushroom Paper Cut

Apply wallpaper glue liberally to cover the whole underside.
切り出したきのこの下に紙をしいて、刷毛を使って、壁紙用のりを全体にたっぷりと塗ります。

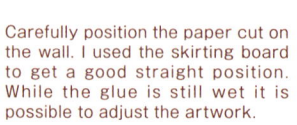

Carefully position the paper cut on the wall. I used the skirting board to get a good straight position. While the glue is still wet it is possible to adjust the artwork.
さぁ！位置に気をつけながら、壁にきのこを貼ってみましょう。まっすぐに貼るために、私は幅木を目安にしました。のりが乾く前ならば、場所を調整することも可能ですよ。

37

ANNIVERSARY PHOTO WITH FELT LETTERS

フェルト文字と一緒に記念撮影

カラフルなフェルトのアルファベットと数字は、アメリカのMiChiMaの作品。ルシアンくんが生まれて、最初の1年間の成長をとどめておきたいと考えていたジュリーさんとサイモンさん。毎月フェルト・レターで書いた月齢とともに、同じアングルで、ルシアンくんの写真をとりためていきました。書くことに興味を持ちはじめたオフェリアちゃんにも、よいおもちゃになっています。

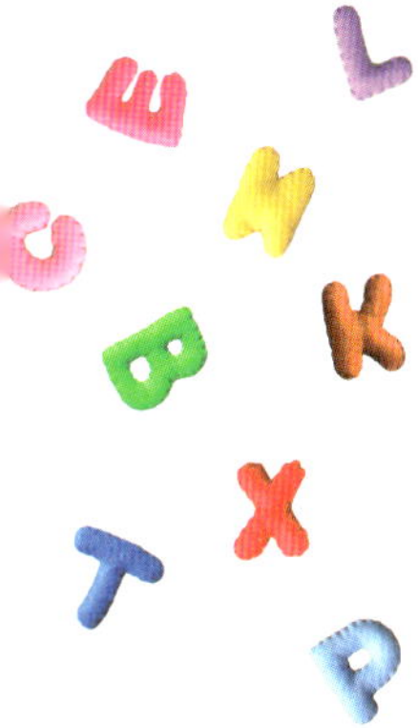

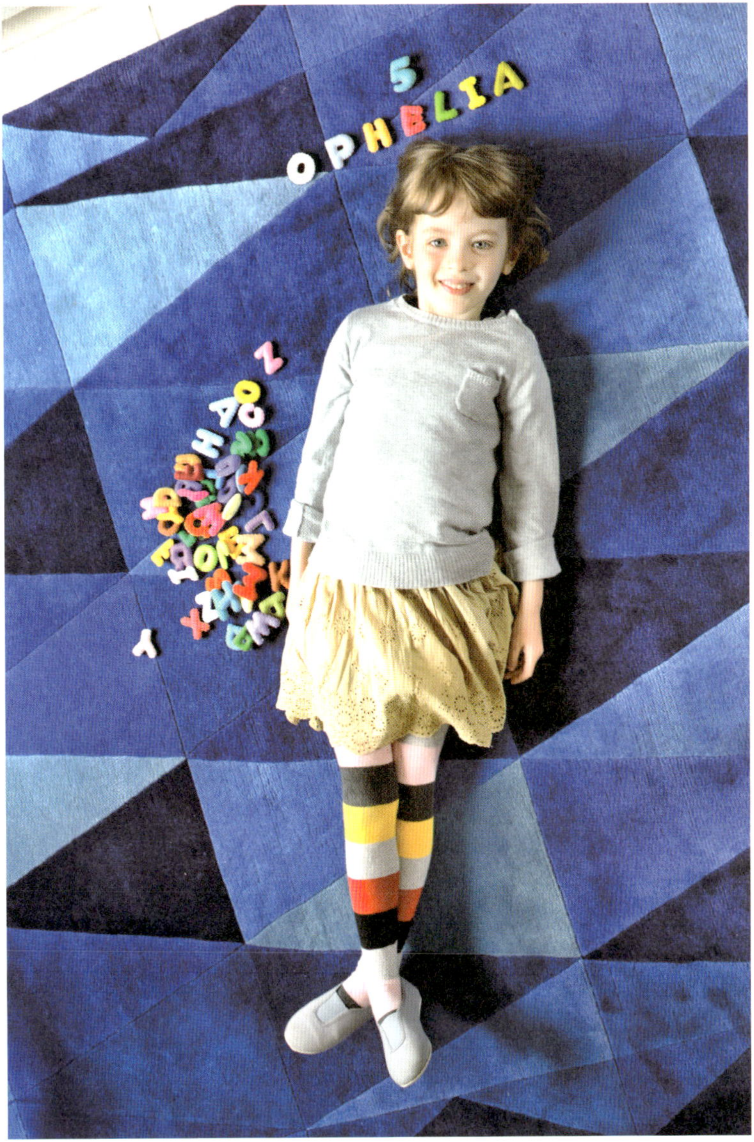
5
OPHELIA

BEDROOM
ベッドルーム

40

子ども部屋の隣にある、ジュリーさんとサイモンさんのベッドルーム。シンプルなインテリアの中、洋服が並ぶ「ドレッシング・アップ」のクッションなど、ファミーユ・サマーベルのグラフィカルな作品が目を引きます。ガラス・フレームに入れて飾っているのは、オリジナルの切り紙。壁紙のプリントやニューイヤーズ・カードのために手がけた作品です。

42

43

左：ラジエーターの上に、ウェディング・ブーケを飾って。右上：フリンジがたっぷりついた個性的なネックレスは、ジュリーさんの妹コラリーさんが手がけたもの。右下：南インドの女性をサポートするフェアトレード組織Re-wrapで作られた、シティ・バッグ。

44

Family Tree for Ophélia

ファミーユ・サマーベルの最初の作品で、いまでも人気を集める代表作のひとつファミリー・ツリー。そのデザインのもとになったのが、この切り紙です。いつも家族のためのフレームが欲しいと思っていたというジュリーさん。オフェリアちゃんが生まれてすぐに手がけたこのツリーは、思い出の詰まった作品のひとつ。いまでもベッドルームの鏡を飾っています。

Let's create with
this wonderful branch!

BRANCHES WITH PAPER LEAVES
紙の葉っぱで、木の枝をデコレーション

オフェリアちゃんが見つけてきた大きな木の枝を使った、インテリア・デコレーションができないかと考えたジュリーさん。はだかんぼうの枝はさびしそうなので、切り紙で葉っぱを作ることに。いろいろな形の葉っぱのオーナメントを、枝にたくさん取りつけていくと、世界にひとつしかない不思議な木ができました！

Making Paper Leaves
葉っぱの作り方

For these cuts I chose to paint on to white paper giving a slightly different shade for each of the leaves.
Take two painted sheets and stick them together, inserting a little picture frame wire (basically a thin wire) between the two sheets. This creates the stem.

今回の切り紙では、葉っぱそれぞれにちょっと違う色あいを出したかったので、白い紙にペイントすることにしました。
ペイントした2枚の紙のあいだに細いワイヤーを挟んで、貼りつけます。そうするとワイヤーが茎になります。

葉っぱをカットするときには、ワイヤーを避けながら切ってね。

Then draw the shapes of the leaves - lots of different shapes and sizes is good. Cut through the drawings to create the finished leaves.

貼りつけた紙に、さまざまな形やサイズの葉っぱを描きましょう。
そのドローイングをカットすれば、葉っぱの完成です。

Making Paper Leaves

You can choose just about any kind of branch to create the finished effect.

仕上がりにあわせて、どんな種類の枝を使ってもいいですよ。

Gently wrap the thin wire around the branch randomly.

枝のまわりにランダムに、ワイヤーをやさしく巻きつけます。

49

SIMON'S OFFICE

サイモンさんのオフィス

音楽が好きというサイモンさんのオフィスには、CDやレコードがたくさん。コンピューターやインターネットにもともと興味があり、ファミーユ・サマーベルのウェブサイトもすべて自分で手がけています。ウェブをとおして、商品はもちろん自分たち家族の暮らしも、世界中の人たちとシェアできることは、大きなよろこびになっています。

JULIE'S STUDIO

ジュリーさんのアトリエ

サイモンさんの部屋の隣が、ジュリーさんのアトリエ。この3階からファミーユ・サマーベルのすべてがはじまるとも言えそうです。インスピレーション・ソースになるオブジェを大切にしているジュリーさん。「ちらかっているかもしれないけれど、ひとつひとつが私にとってはデザインのもとであるだけでなく、すばらしい思い出のコレクションなの!」と教えてくれました。

54

55

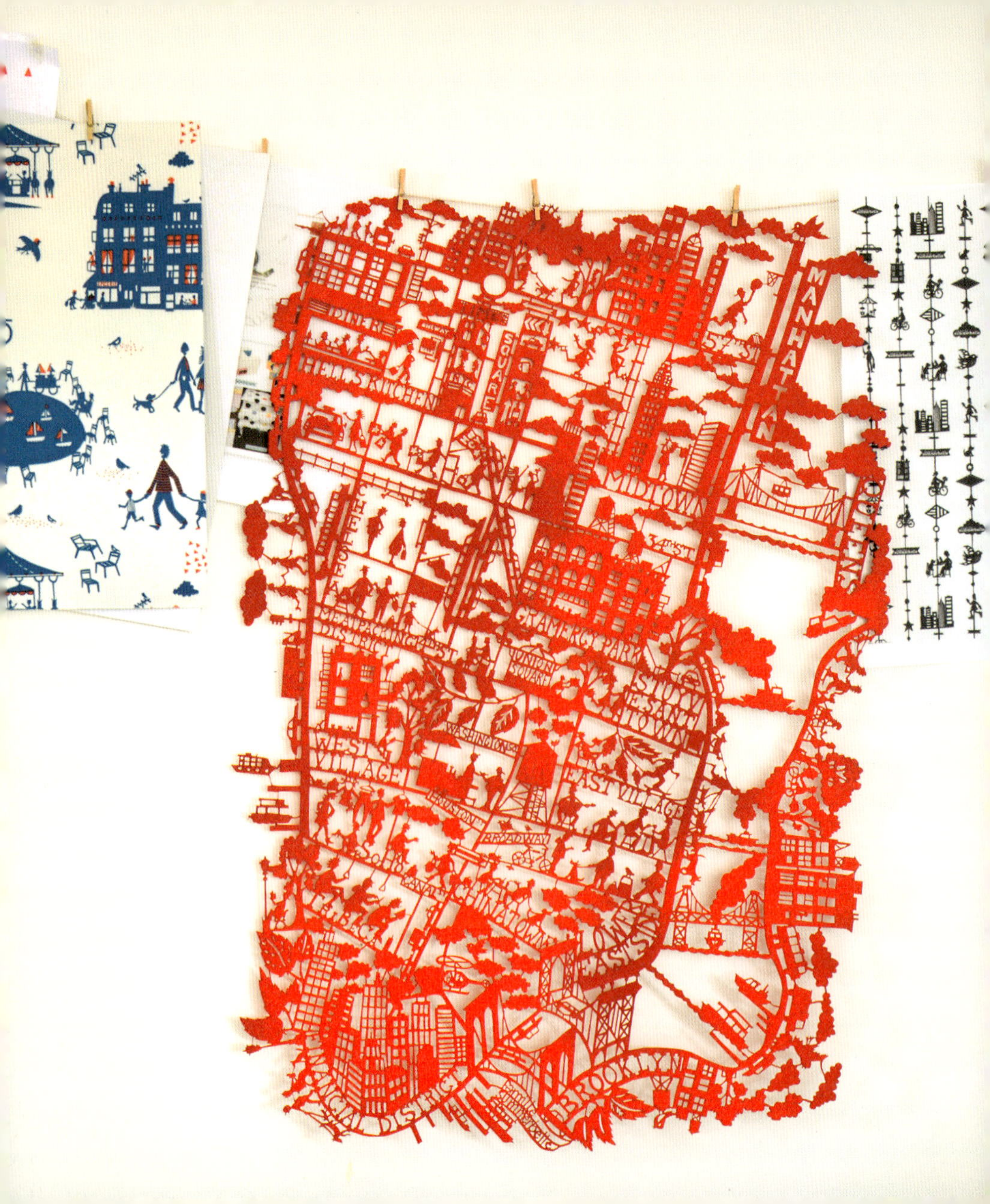
MANHATTAN
DINER
HELL'S KITCHEN
SQUARE
MIDTOWN
CHELSEA
MEATPACKING DISTRICT
GRAMERCY PARK
UNION SQUARE
WASHINGTON
WEST VILLAGE
EAST VILLAGE
HOUSTON
BROADWAY
SOHO
CANAL
CHINATOWN
BROOKLYN

Paper Cut Original

クリスマスと新年のあいさつの切り紙は、ブログに掲載したもの。セットデザインのお仕事をとおして、デザインナイフに親しんだジュリーさん。切り紙をスタートさせたのは、とても自然な流れでした。現在4都市を発表しているシティ・マップでは、実際に旅した街で出会った人やものを描き出しているのだそう。旅の思い出が、詰まった1枚です。

58

ジュリーさんのアトリエには、オフェリアちゃんのデスクも。学校から帰って、まだママがお仕事をしているときは、ここでお絵描きをするのがお気に入り。

FAMILLE SUMMERBELLE WORLD TOUR

思い出の世界旅行

創作の大きなインスピレーションになった、家族3人でのワールドツアー。日本からはじまり、シンガポール、ランカウイ、オーストラリア、ニュージーランド、フィジー、そしてサンフランシスコまでを、2008年9月から12月のあいだに旅しました。まだ小さかったオフェリアちゃんもたくさんの人々とふれあったことで、明るく積極的な女の子に。家族みんなにとって、貴重な経験になりました。

61

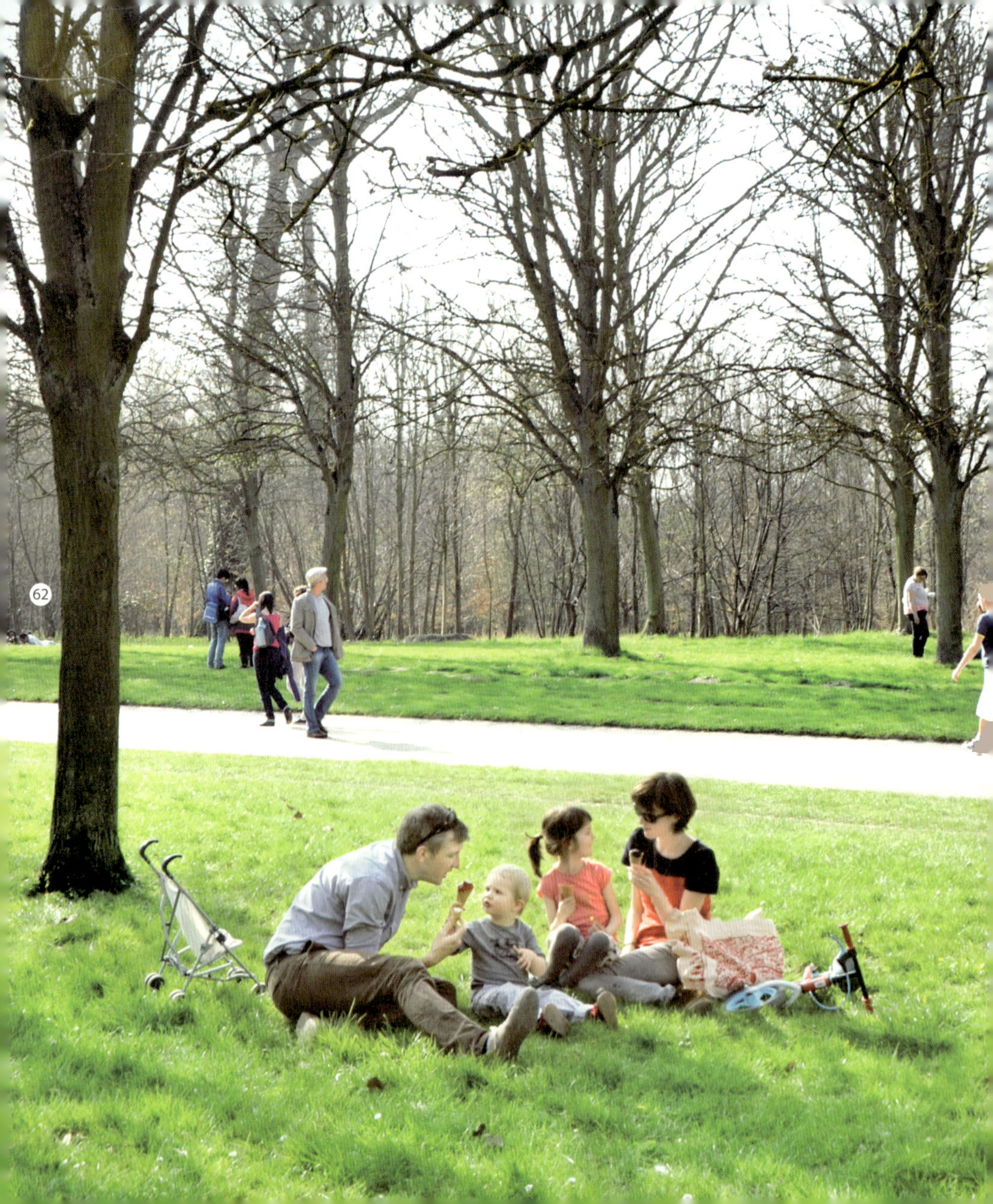

WEEKEND LIFE

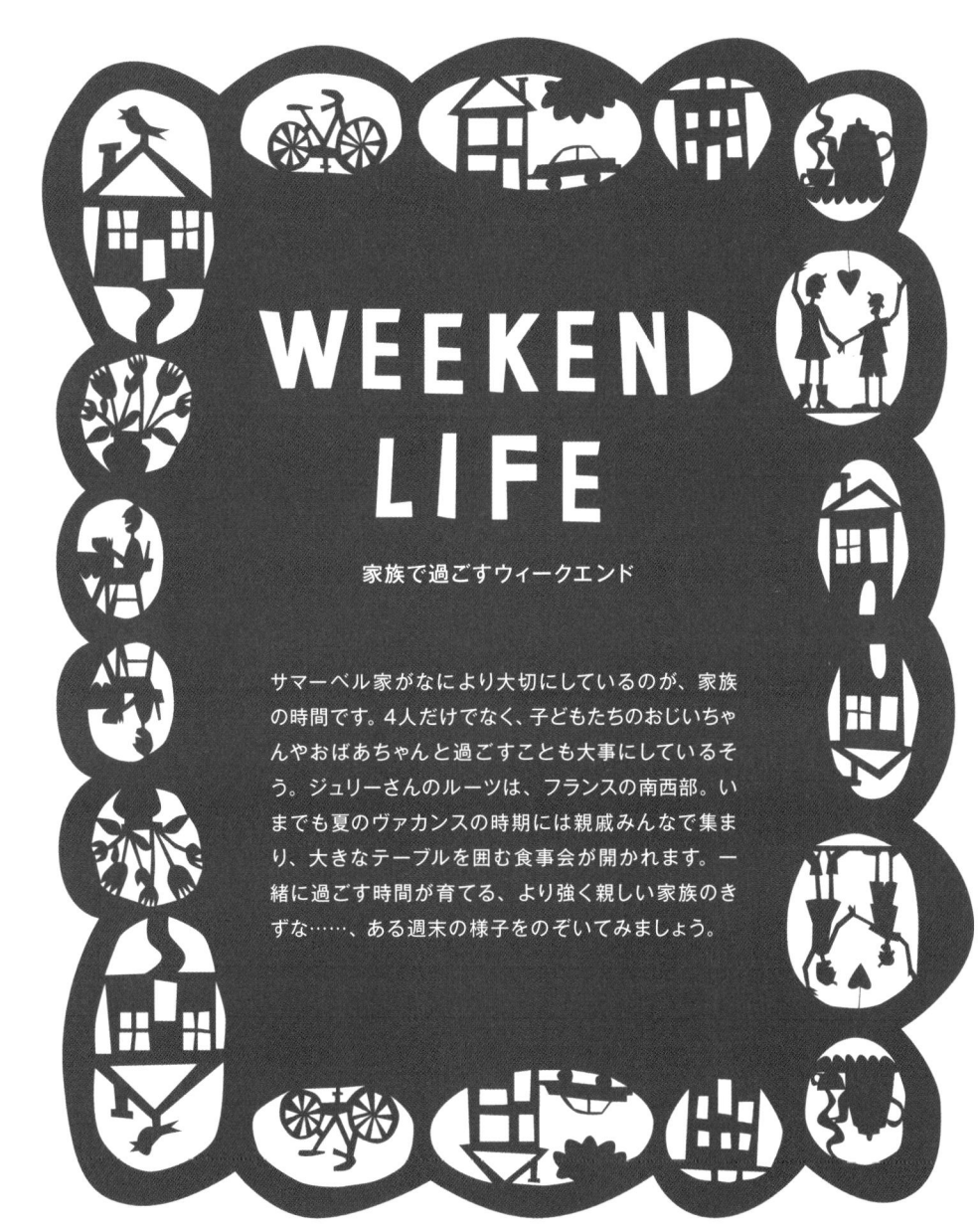

家族で過ごすウィークエンド

サマーベル家がなにより大切にしているのが、家族の時間です。4人だけでなく、子どもたちのおじいちゃんやおばあちゃんと過ごすことも大事にしているそう。ジュリーさんのルーツは、フランスの南西部。いまでも夏のヴァカンスの時期には親戚みんなで集まり、大きなテーブルを囲む食事会が開かれます。一緒に過ごす時間が育てる、より強く親しい家族のきずな……、ある週末の様子をのぞいてみましょう。

VILLE DE MARLY-LE-ROI
MARCHE MUNICIPAL

What would you like to eat?

SHOPPING AT THE MARKET

マルシェでお買い物

おうちのすぐそばのホールで週に2日、朝から午後1時までオープンするマルシェに、ランチの食材のお買い物に向かいます。「フランスは食べ物がとてもおいしい国。地方の特色も豊かだし、すばらしい名産品があるしね」というサイモンさん。その食材がどこからやってきたのか、子どもたちに教えることも大切にしています。

LUNCH IN THE SUNNY GARDEN

日あたりのよいお庭でランチ

お天気がよい日には、おうちの裏庭の芝生の上で、みんなでランチ。マルシェで買ってきたばかりのフレッシュな食材を使って、お料理が得意なサイモンさんが腕を振るったメニューが、次々とテーブルの上に並びました。お皿はすべて、ジュリーさんのお母さんで陶芸家のフランソワーズ・アンドレさんが作ってくれたもの。さっそく、みんなでボナペティ！

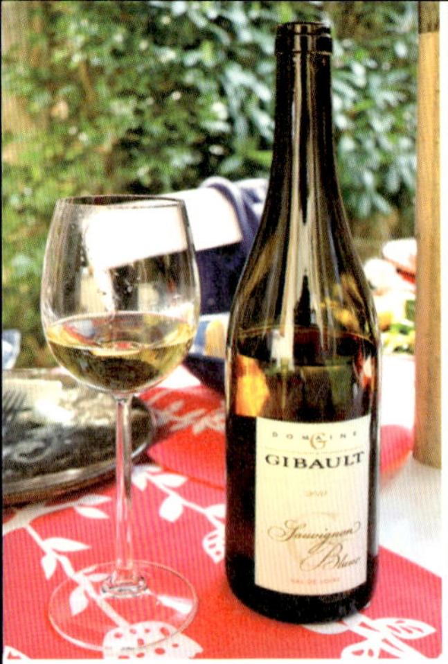
DOMAINE
GIBAULT
Sauvignon Blanc

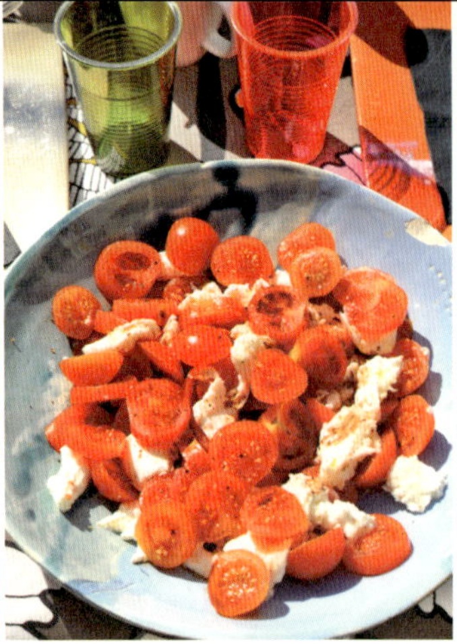

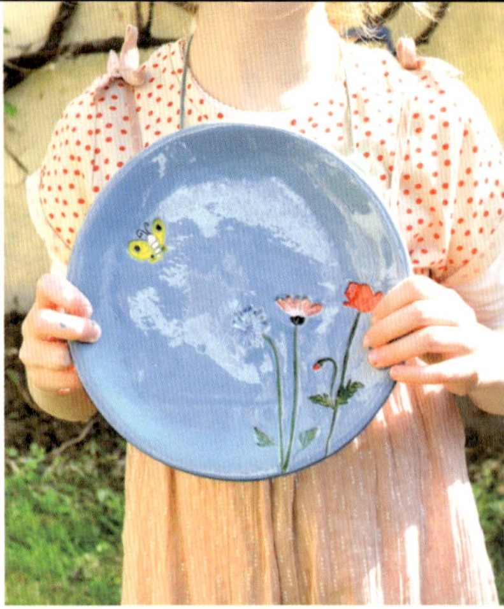

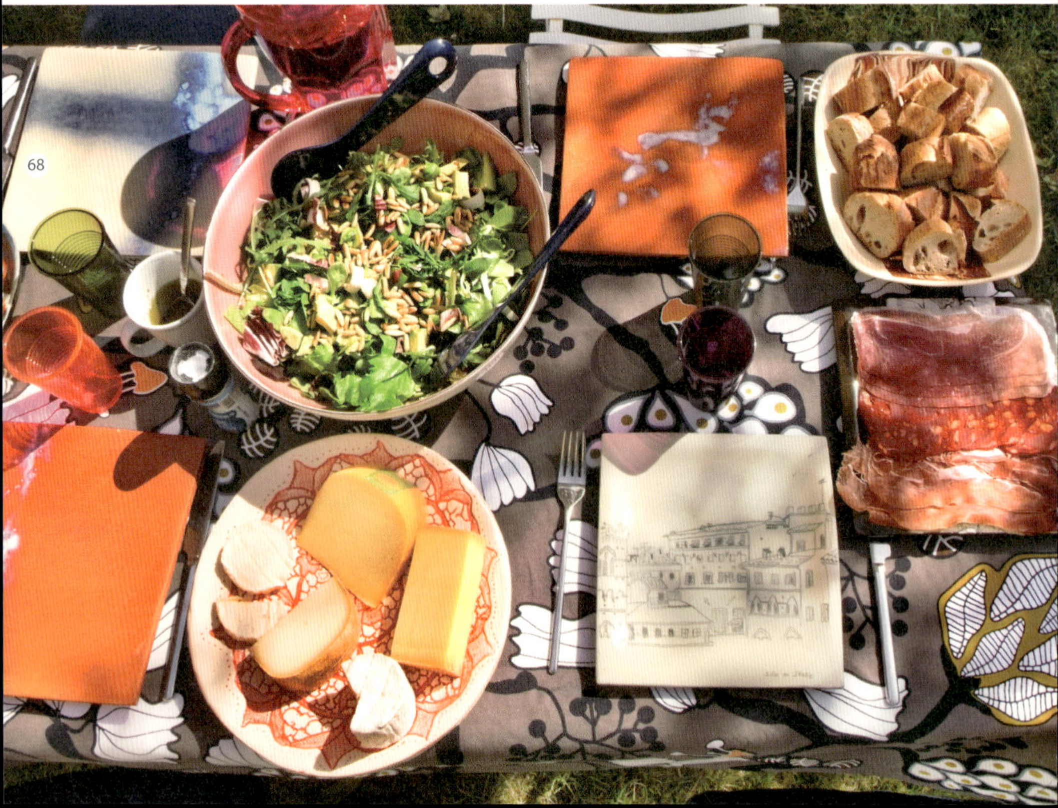

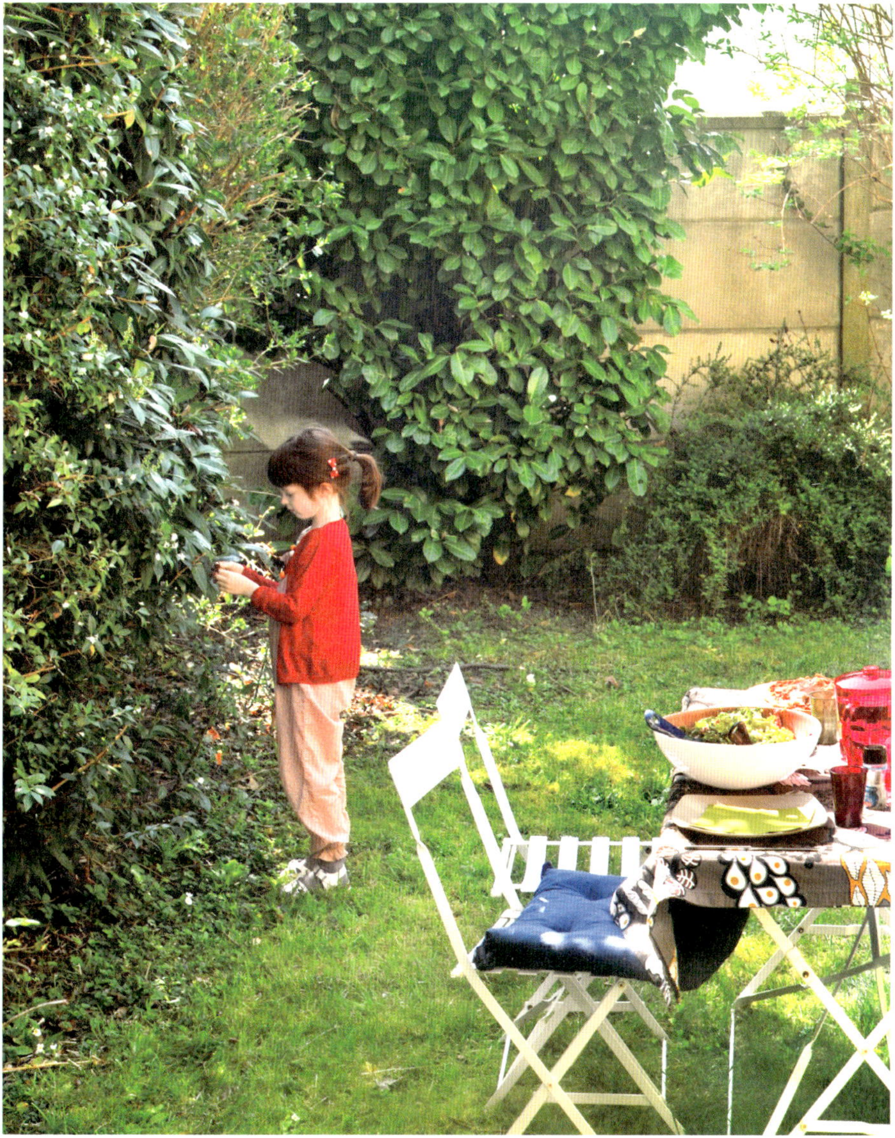

PROMENADE IN VERSAILLES

ヴェルサイユをお散歩

ヴェルサイユ宮殿の庭園は、よく家族で遊びにいく場所。夏は大にぎわいですが、紅葉も美しく「静かな秋がいちばん好き」というジュリーさん。週末に友だちが遊びにくることも多いので、そのときはみんなでピクニックを準備。自転車を借りて園内を探検しながら、静かな場所を探して、ゆっくりとピクニックをすれば楽園のような気分です！

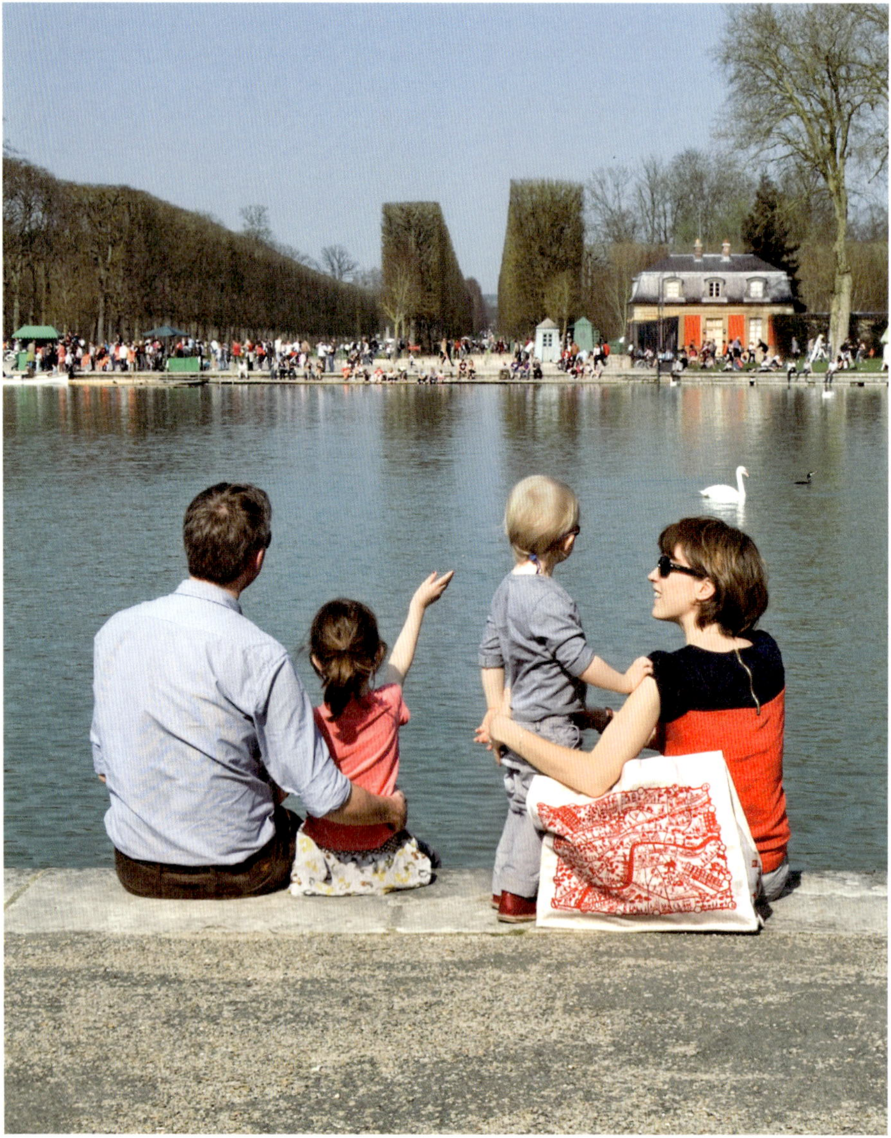

Yummy!

73

74

HANDMADE IDEAS FOR PARTY DECORATION

手づくりデコレーションで、楽しいパーティ

オフェリアちゃんのために、おとぎ話のようなパーティをしてあげようと準備をはじめたジュリーさん。キュートなデコレーション・アイテムを、ちょっとしたアイデアを取り入れて手づくりします。お絵描きや工作が好きなオフェリアちゃんもお手伝い。どんなパーティになるのか、ドキドキお楽しみです。

CUSTOMISED BOTTLES AND JARS
ボトルをカスタマイズ

キッチンで眠っていた空き瓶や、食べ終わったばかりのお菓子の器。そんなガラス器をカスタマイズして、カラフルなデザイン・ボトルに変身させましょう。あざやかな発色が魅力のアクリル絵の具で、内側に色をつけるので、色ガラスのボトルは仕上がりがユニーク。なにも入れなくても、置いているだけで絵になる、楽しいアイテムが生まれました。

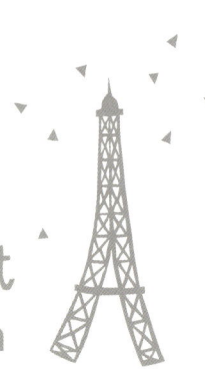

You can use just about any kind of glass bottle or container for household products. The more interesting the shape the better!

どんな種類のガラス瓶や容器でもだいじょうぶ。形によって、さらに楽しいものになりますよ!

Making Customised Bottles and Jars
ボトルをカスタマイズ

You will need to buy some acrylic paints, which can be mixed to find your perfect colours.
Soak the bottles in water over night to remove the sticky packaging labels.

自分だけの色を作るために、ミックスできるアクリル絵の具を用意しましょう。

ボトルのシールラベルをはがすには、一晩水につけておきます。

Here's what you'll need to decorate the outside of the bottles.
ボトルの外側を飾るために用意したもの。

Making Customised Bottles and Jars

Pour the paint inside the bottle.
ボトルに、絵の具を注ぎます。

With the more difficult bottles (like wine bottles) you can dilute the paint a little.
ワインボトルのように、筆で色を塗るのが難しい場合は、絵の具を少し薄めます。

Then gently turn the bottle to apply the paint evenly.
ゆっくりとボトルをまわしながら、均等に絵の具を塗っていきます。

Apply the paint to the inside of the container making sure to give a good thick coating.
広口のボトルの場合は、絵筆にたっぷりの絵の具を含ませて、ほどよい厚みのコーティングができるように、容器の内側をペイントします。

Leave to dry overnight, or if you are in a rush you can use a hairdryer to dry the paint.
一晩そのままにして、乾かします。急いでいる場合は、ヘアドライヤーで乾かしましょう。

To decorate the outside of the bottle I used vinyl adhesive paper.
ボトルの外側を飾るために、カッティングシートを使います。

I then drew designs on to the back and cut with a scalpel. To add text you'll need to write in reverse on the back of the paper which is a little more tricky.
シートの裏側に絵を描いて、カッターで切っていきます。裏側に描くので、文字を左右逆向きにするのはちょっと難しいですよ。

Carefully affix stickers to the coloured bottle.
シールをボトルに貼っていきましょう。

And voila, the finished product!
オリジナルのボトルとキャニスターができました！

Making Customised Bottles and Jars

Great for storage and table decoration.
収納やテーブルデコレーションにぴったり。

Makes a wonderful candleholder or vase.
素敵なキャンドルホルダーや花瓶になります。

食品を中に入れるときは、食品衛生法に適合するニスを塗って仕上げてね。

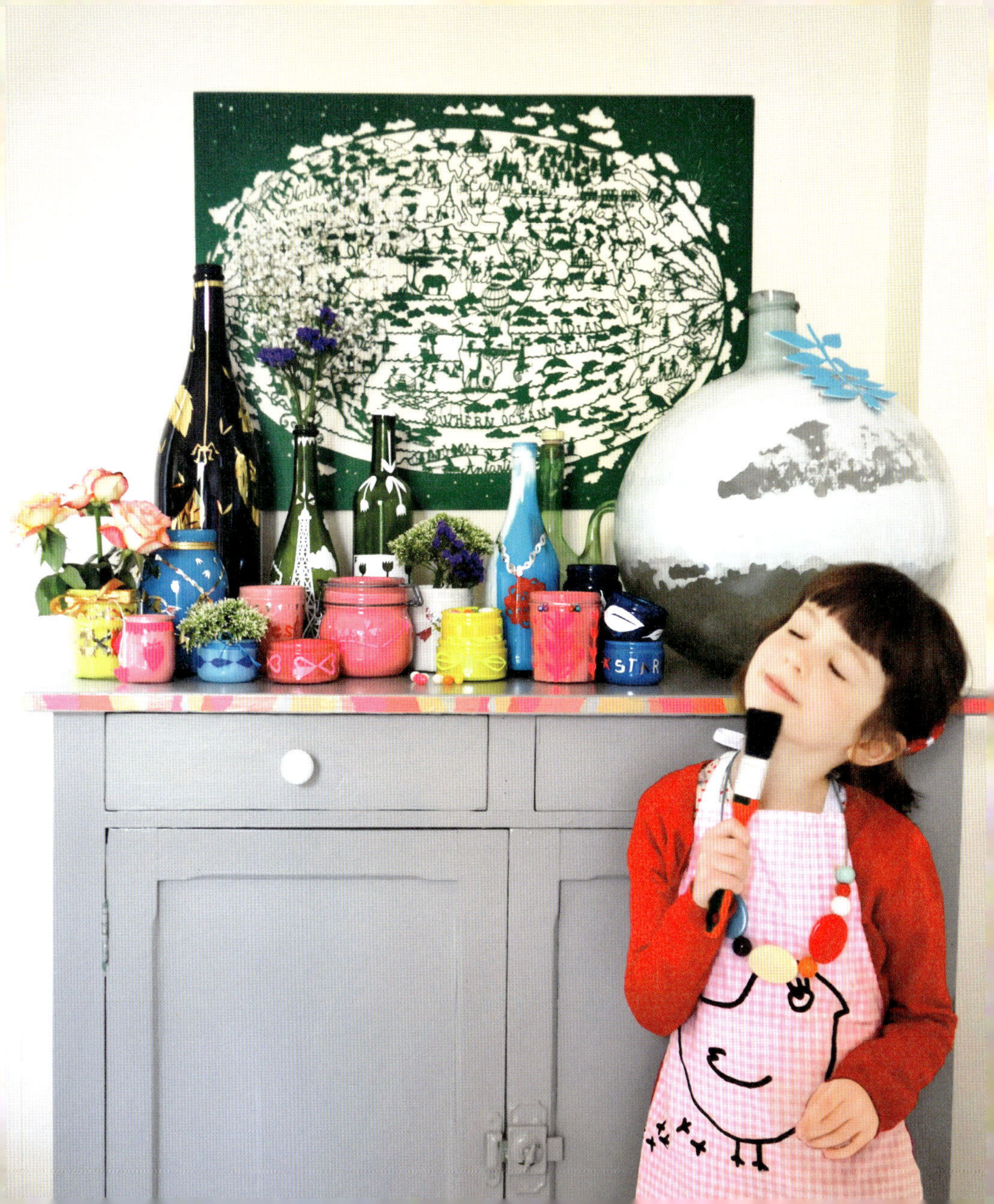
INDIAN
OCEAN
SOUTHERN OCEAN

CREPE PAPER FLORAL HEAD DRESS

ペーパーフラワーのヘッドドレス

オフェリアちゃんをよろこばそうと、パーティの日の朝に、おうちにあったシンプルな黒いカチューシャを、ジュリーさんがカスタマイズ。ラッピングなどに使うクレープペーパーで、ふわふわのお花の形を作る作業は、オフェリアちゃんもお手伝い。自分で作ったお花でできたヘッドドレスににっこり。違う素材の紙で作ったり、色違いの紙を重ねたりしても素敵です。

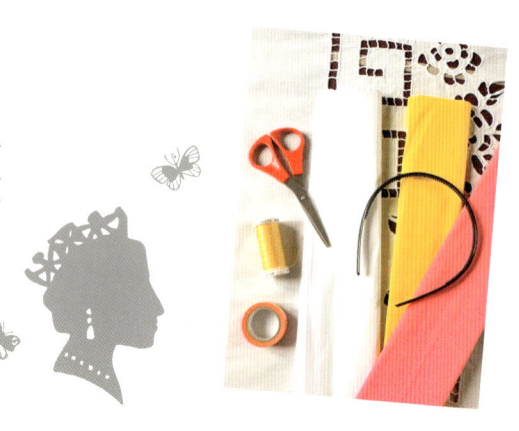

Making the Head Dress
ヘッドドレスの作り方

Cut the crepe paper into strips of around 10 cm.

幅10センチくらいの短冊状に、クレープペーパーを切ります。

Fold paper in half on the horizontal axis. Crease well and unfold. Fold both top and bottom halves to the centre. And fold the paper into two on the centre crease.

紙を縦に長く置いて、中心で折ります。よく折り目をつけたら広げます。真ん中のラインにあわせて上下を折ります。そして、中心でふたつに折ります。

Turn the paper 90 degrees. Then fold the paper into a mini accordion, with five or six folds leaving a small rectangle shape.

紙を90度回転させたら、山折りと谷折りを5〜6回くりかえして、小さなアコーディオンに折っていきます。

Then take the thread to tie the middle of the paper very tightly.

糸で紙の中央を、しっかりと結びます。

Making the Head Dress

Cut both ends of the rectangle.
長方形の両端をカットします。まるくしたり、山型にしたり、カットした形で、花びらの雰囲気が変わりますよ。

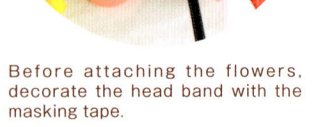

Unfold gently to create the flower shape.
お花の形を作るように、やさしく折り目を広げていきます。

Before attaching the flowers, decorate the head band with the masking tape.
お花をつける前に、カチューシャをマスキングテープなどでデコレーションしていきます。

Attach the flowers to the side of the head dress using either the thread or some thin picture wire.
糸や細いワイヤーを使って、カチューシャにお花をつけましょう。

85

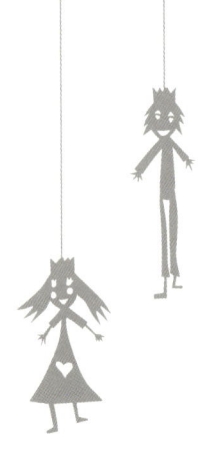

FAIRYTALE PRINCESS MOBILE
おとぎ話のプリンセス・モビール

モビールを作ってみたいと思っていたジュリーさんに「ルシアンくんのベッドの上に飾りたいな」とオフェリアちゃん。そのときにはじめて作ったモビールは、いまでも子ども部屋に飾ってあります。アイデアや作り方はそのままに、今度はオフェリアちゃんの好きなプリンセスを主役にしたモビールを作ってみました。

Making the Mobile
モビールの作り方

> Choose your favourite colours. Let's paint the paper together!
> 好きな色を選んで。一緒に紙にペイントしよう!

Lots of bright colours works well. Particularly pink for this princess!
明るい色の紙がいいですよ。プリンセスには、特にピンクがおすすめ!

Cut the painted sheets into two equal parts.
ペイントした紙を二等分に切っていきます。

It will dry quickly in the sun.

Where should I place it?

Leave the sheets to dry, or if you are in rush you can use a hairdryer to dry the paint quickly.
絵の具を乾かします。急いでいる場合は、ヘアドライヤーで乾かしましょう。

Making the Mobile

Apply glue liberally to cover the whole underside.

紙の裏側全体に、のりを塗りましょう。

Run a thread through the centre of paper.

紙の中央に、糸を置きます。

Take another painted sheet and stick the backs together, ensuring the thread is stuck firmly in the middle of the sheets.

紙の真ん中に糸をしっかりと固定したまま、もう1枚のペイントした紙と背中あわせに貼りつけます。

Draw your chosen shapes onto the paper. For Ophélia it has to be princesses and castles.

あなたの選んだ形を紙の上に描きましょう。オフェリアちゃんは、プリンセスやお城を描きました。

Making the Mobile

I finished drawing the princess' castle.

プリンセスのお城が描けたよ。

Now it's Julie's turn. Carefully cutting through the drawing - being careful not to cut the thread!

次はお母さんの出番です。お絵描きのラインに沿って、カットしていきます。糸を切らないように気をつけて。

Using the thread, tie each paper cut to the end of the mobile wires. Make sure you balance the paper shapes evenly.

糸を使って、それぞれの切り紙をモビールワイヤーの端に結びつけていきます。切り紙のバランスを取っていってくださいね。

91

HANGING GARLAND
ハンギング・ガーランド

切り紙で作るガーランドは、ロンドンで参加した展示会のために思いついたアイデア。部屋をにぎやかにいろどるのに、ぴったりのアイテムです。作り方も簡単なので、気分にあわせてモチーフを作っては、模様替えを楽しんでいるというジュリーさん。作り方は前出のモビールと一緒。糸のかわりにリボンをはさんで、モチーフをつなぎます。

A B C D
E F G H
I J K L
M N O P
Q R S T
U V W X
Y Z

CUTE WINDOW STICKERS
キュートなウィンドウ・ステッカー

カッティングシートは、切りやすくて、部屋の中や外でも好きなところに簡単に貼ることができるので、何を作ろうかとアイデアがふくらむ素材。ジュリーさんはパーティの日のために、おうちの外を通りかかった人たちの目も楽しませてくれる、ウィンドウ・ステッカーを作ることにしました。イマジネーション豊かに、さまざまなお花が生まれます。

Making Stickers
ステッカーの作り方

Roughly cut a sheet of vinyl adhesive paper into smaller strips.
使いやすいサイズに、カッティングシートを切ります。

Draw designs on to the backside of the paper.
カッティングシートの裏側に、デザインを描いていきましょう。98ページにお花のイラストもあるので、参考にしてくださいね。

Cut through the drawing with a scalpel.
デザインナイフで、ドローイングのラインに沿って切っていきます。

Making Stickers

These cute little stickers can be added to almost any surface - they look great on mirrors!

この小さなステッカーは、だいたいどんな場所でも貼ることができます。鏡にもぴったり！

Famille Summerbelle love birds, flora and fauna, because they live so close to the forest.

森のすぐそばに暮らしていることもあり、ファミーユ・サマーベルの作品には鳥や花、植物がよく登場します。

97

BELL FLOWERS

99

COLOURFUL WOODEN STICKS

カラフル・ウッドスティック

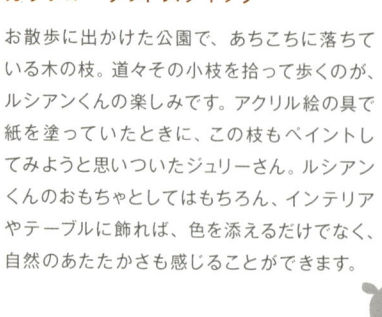

お散歩に出かけた公園で、あちこちに落ちている木の枝。道々その小枝を拾って歩くのが、ルシアンくんの楽しみです。アクリル絵の具で紙を塗っていたときに、この枝もペイントしてみようと思いついたジュリーさん。ルシアンくんのおもちゃとしてはもちろん、インテリアやテーブルに飾れば、色を添えるだけでなく、自然のあたたかさも感じることができます。

マルリー公園は、宮殿のすぐそばにルイ14世が造らせた、シャトー・ドゥ・マルリーの跡地。ヴェルサイユより人が少ないということもあって、サマーベル家にとって子どもたちと遊ぶのにぴったりの場所です。フォーマル・ガーデンの基礎石の上をたどって迷路遊びをしたり、並木道で小枝を拾ったり。子どもたちは楽しみを見つけるのが上手です。

102

/ Hey, this branch is taller than me!

ルシアンくんのお散歩のお供、バギーカーにつけたバッグの中は、もう木の枝でいっぱい。皮がむけた小枝にペイントすれば、カラフル・スティックのできあがりです。

TWINKLING STARS ON THE WINDOW
窓にお絵描きトゥインクルスター

学校から帰ると、いつもジュリーさんのアトリエにやってきて、一緒になにか作りたいというオフェリアちゃん。お絵描きしたり、工作したりするのが、大好きなのです。そんなときにデスクの上に並んだ水性ペイントマーカーを見て、窓にお絵描きをすることを思いつきました。オフェリアちゃんも大よろこび、たくさんのお星さまを描くことにしました。

パーティのテーマカラーにあわせて、今回はピンクとイエロー、そしてホワイトのマーカーを使います。水性ペイントマーカーを使えば、お絵描きしたあとに窓用のクリーナーを使って簡単にペイントを落とすことができます。ルシアンくんがおやつを食べているあいだ、オフェリアちゃんはずっと夢中で、ダイニングルームの窓にペイントしていました。

SUNFLOWER PAPER PLATES
ひまわりのペーパープレート

カジュアルに使える紙皿は、子どもたちが集まるパーティで大活躍。お皿とレースペーパーのコーディネートは腕の見せどころです。ふちをカットしたり、ステッカーをあしらったり、ちょっと手を加えるだけで、オリジナル・プレートに変身。ゲストも参加して、みんなで自分のお皿を作るところから、パーティをはじめても楽しいかもしれませんね。

Making Paper Plates
ペーパープレートの作り方

You'll need some colourful paper plates, lace doilies and some vinyl adhesive paper.
カラフルな紙皿、レースペーパー、カッティングシートを用意します。

Cut small triangles into the rim of the paper plate and pull upwards to create petals.
紙皿のふちを小さな山型に切って、上向きに折って起こし、花びらにしましょう。

Stick the doilies into the middle of the plate and then decorate with the stickers. Quick, easy and fun to do with children!
レースペーパーをお皿の真ん中に貼って、ステッカーで飾ります。手早くて簡単、子どもと一緒に楽しんでてきますよ。

PREPARATION FOR A PARTY

パーティの準備をしましょう

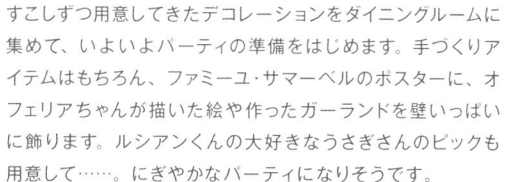

すこしずつ用意してきたデコレーションをダイニングルームに集めて、いよいよパーティの準備をはじめます。手づくりアイテムはもちろん、ファミーユ・サマーベルのポスターに、オフェリアちゃんが描いた絵や作ったガーランドを壁いっぱいに飾ります。ルシアンくんの大好きなうさぎさんのピックも用意して……。にぎやかなパーティになりそうです。

110

111

112

テーブルの上にはアンティークのリネンを広げて、ちょっと特別な装いに。テーブルの足下に飾ったペーパーランタンは、ジュリーさんとサイモンさんの結婚式で使ったもの。

HOME BAKED CAKES AND SWEETS
手づくりのケーキとお菓子

Cup cake
カップケーキ

パーティのテーマカラーにあわせて、ピンクとイエローのバタークリーム・アイシングで飾ったカップケーキ。アイシングの色はお好みで、どうぞ。

材料：
- バター または マーガリン　100g
- 白砂糖　100g
- ケーキ用ミックス粉（ふるっておく）　100g
- たまご　2個
- ベーキングパウダー（ケーキ用ミックス粉に含まれる場合は省いてもOK）　小さじ1/4
- バニラビーンズ　1/2本

1. オーブンは180℃に余熱しておきましょう。（ファン付きのオーブンの場合は160℃、ガスオーブンの場合は目盛りを4に）そして12個のマフィン型に、紙ケースを敷いておきます。
2. バターと砂糖をあわせて、とても軽く、ふわふわになるまで、よく混ぜあわせます。
3. たまごを二度に分けて加えます。1個加えるごとに、よくかき混ぜてね。そしてバニラビーンズを加えます。
4. ケーキ用ミックス粉とベーキングパウダーを加え、へらを使って全体にムラがなくなるまで、しっかりかき混ぜます。
5. できあがったカップケーキの生地を、用意した紙ケースに入れましょう。
6. 予熱したオーブンで、10分から20分ほど焼きます。10分経ったら、カップケーキが焼きあがっているかを、ケーキの中心に竹串を刺してチェック。もし串に生地がついてこなければ焼きあがり。生地がついたときには、もう少しオーブンに戻してみて。焼きすぎると、乾燥してしまうので注意！マフィン型から紙ケースごとカップケーキを取り出したら、金網の上で冷まします。

バタークリーム・アイシング：
室温に戻したやわらかい無塩バター140gを、ボウルに入れてよく混ぜます。粉砂糖140gを加え、なめらかになるまで混ぜましょう。さらに140gの粉砂糖と小さじ1杯の牛乳を入れ、クリーミーになるまで混ぜ続けます。食品着色料を数滴加えたら、全体が色づくように混ぜます。クリームを星型の口金をつけた絞り袋に入れて、カップケーキの上にらせん状にしぼりだして飾ってね。

Chocolate Brownie
チョコレートブラウニー

ジュリーさんが大好きなチョコレートブラウニーは、イギリスの人気料理家ジェイミー・オリヴァーさんのレシピを参考にしたもの。

材料：
- 無塩バター　250g
- ダークチョコレート / カカオ分70％（刻んでおく）　200g
- ナッツ（刻んでおく）　50g
- ココアパウダー（ふるっておく）　80g
- 薄力粉（ふるっておく）　65g
- ベーキングパウダー　小さじ1
- 白砂糖　360g
- たまご　4個
- サーブするときに、生クリーム　250cc

1. オーブンは180℃に、ガスオーブンの場合は目盛りを4に、余熱しておきましょう。25cm角のケーキ型を、クッキングシートでおおいます。
2. ボウルを湯せんしながら、バターとチョコレートを溶かして、なめらかになるまで混ぜます。
3. ナッツを加えます。
4. 別のボウルに、ココアパウダーと薄力粉、ベーキングパウダーと砂糖を入れて、混ぜます。
5. 4のボウルに、3のチョコレートを加えて、一緒によくかき混ぜます。
6. そこにたまごを割り入れて、絹のようになめらかになるまで、混ぜあわせます。
7. できあがったブラウニーの生地を、用意したケーキ型に流し入れて、オーブンで25分ほど焼きます。
8. ケーキとは違い、焼きすぎないようにしましょう。外側は弾力があって、中はまだとろりとやわらかいくらいが、ちょうどよい焼き加減。食べる前日に作っておくのがおすすめ。いただくときに、生クリームを添えてね。

HOME BAKED CAKES AND SWEETS
手づくりのケーキとお菓子

Cookies クッキー

フランス語では「サブレ」と呼ばれるクッキーのレシピ。
型抜きはオフェリアちゃんも一緒にお手伝いしました。

材料： ・薄力粉　250g　・たまご　1個
　　　・白砂糖　125g　・塩　ひとつまみ
　　　・バター　125g

オーブンを160℃に余熱しておきましょう。

1. 大きなボウルに、砂糖と、塩、たまごを入れて、軽くふわふわになるまで、泡立てます。
2. バターを溶かして、1のボウルの中に入れます。
3. 小麦粉を少しずつ加えていきます。ひとまとまりになるまで、混ぜあわせます。
4. 生地が混ざったら、ラップに包みます。冷蔵庫で2～3時間、やすませましょう。
5. めん棒で、生地を平たくのばします。
6. クッキーカッターやナイフを使って、あなたの好きな形にカットしてね。クッキングシートの上に、クッキーを並べます。
7. 予熱したオーブンで、クッキーのサイズにあわせて時間を調整しながら、10～18分焼きます。
8. いただく前に、完全に冷ましましょう。

Meringue メレンゲ

ふわふわの質感をいかして作った、メレンゲの雲。オーブンの温度は低めにして、長い時間をかけて、じっくり焼きあげます。

材料： ・たまごの白身（室温に戻しておく）　大4個
　　　・白砂糖　115g　・粉砂糖　115g

オーブンを100℃に余熱しておきましょう。

1. 大きなボウルに卵白を入れます。電動のハンドミキサーを使って、中くらいのスピードで、ふわふわとした雲のようになるまで、かき混ぜましょう。
2. スピードをもっと上げて、白砂糖を一度に大さじ1杯ずつ加えていきます。
3. 一度加えるごとに3～4秒ずつかき混ぜます。あとでメレンゲがゆるくならないように、この段階では、ゆっくりと砂糖を加えることが大事です。でも混ぜすぎてもダメ。できあがりは、濃厚になってツヤがでてきます。
4. ここに粉砂糖をゆっくりと加えて、ゴムベラでやさしく混ぜあわせます。混ぜすぎには注意。
5. 小さな雲を作りましょう。絞り袋にメレンゲの生地を1/4くらい入れて、オーブン用のトレーの上にしぼりだしながら、雲の形を作ります。
6. 予熱したオーブンに入れて1時間半、大きな雲を作った場合はさらに長めに焼きます。メレンゲが、サクッとしていれば焼きあがり。トレーに置いたまま、冷ましましょう。

パーティ・タイムのはじまり

手づくりアイテムでお部屋を飾ったら、たくさんの色とかわいいモチーフであふれた、パーティのはじまりです！いつもはサイモンさんがお料理をしてくれるけれど、パーティ料理とお菓子はジュリーさんの得意分野。お母さんのフランソワーズさんも手伝って、たくさんのお菓子を焼きました。ジュリーさんとオフェリアちゃんが飾りつけをしたので、サイモンさんとルシアンくんのよろこぶ顔が楽しみです。

118

「すごーい」「大好きなうさぎさんもいるよ」「おいしそうなお菓子」「かわいいお皿だね」みんなの声が弾みます。テーブルの上のクッキーに手が伸びるルシアンくん、ピンクのカップケーキがお気に入りのオフェリアちゃん。おとぎ話の世界をテーマにしたパーティは大成功。家族みんなの素敵な思い出がまたひとつ増えました。

Lovely cup cake with stars.

121

122

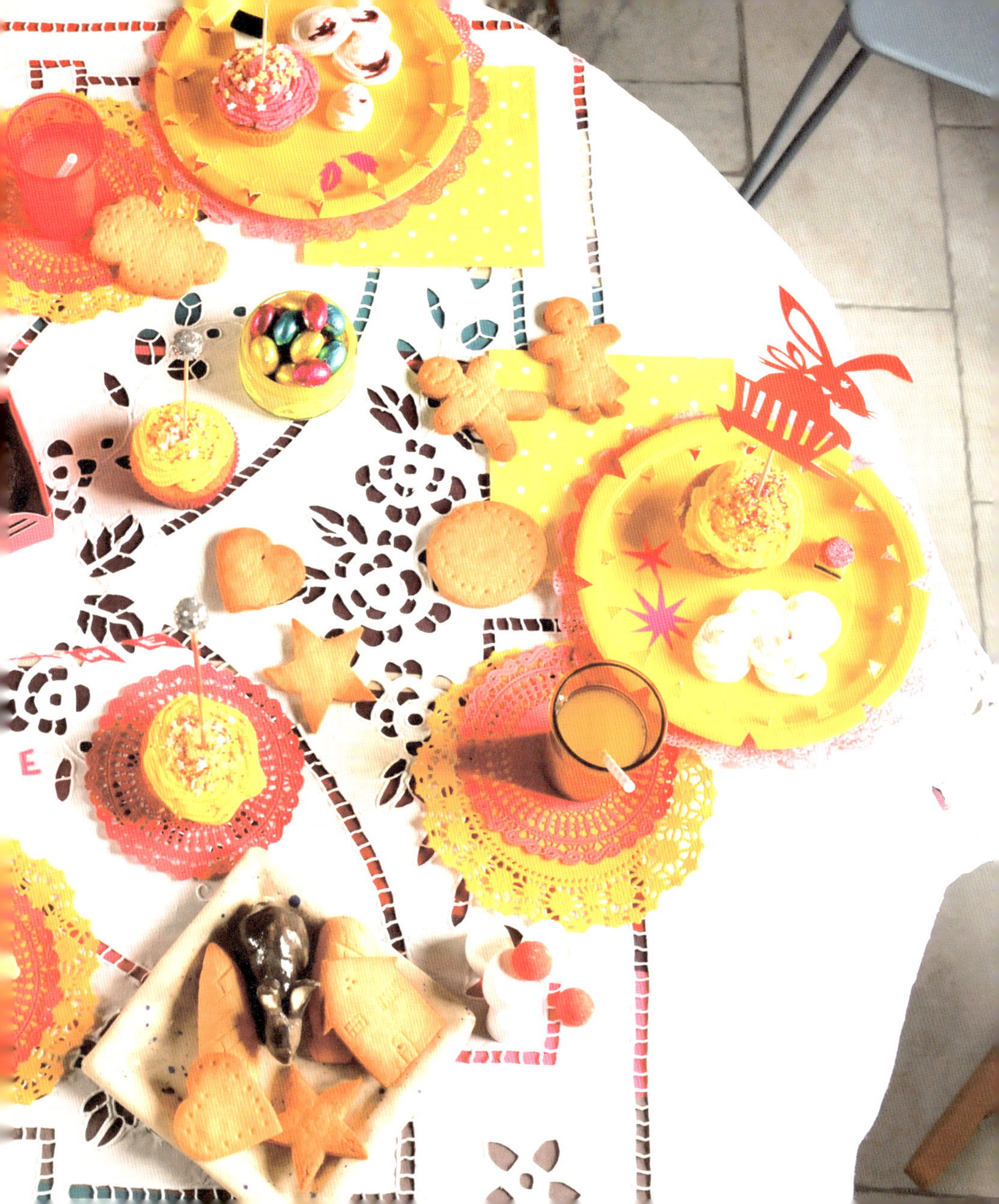

124

Thanks for a fun time!

Famille Summerbelle

Julie Marabelle and Simon Summerscales
www.famillesummerbelle.com

The editorial team

édition PAUMES

Photographs : Hisashi Tokuyoshi

Design : Kei Yamazaki, Megumi Mori

Text : Coco Tashima

Editorial advisor : Fumie Shimoji

Editor : Coco Tashima

Sales Manager : Rie Sakai

Art direction : Hisashi Tokuyoshi

Contact : info@paumes.com   www.paumes.com

Impression : Makoto Printing System

Distribution : Shufunotomosha

édition PAUMES　ジュウ・ドゥ・ポゥム

ジュウ・ドゥ・ポゥムは、フランスをはじめ海外のアーティストたちの日本での活動をプロデュースするエージェントとしてスタートしました。
魅力的なアーティストたちのことを、より広く知ってもらいたいという思いから、クリエーションシリーズ、ガイドシリーズといった数多くの書籍を手がけています。近著には「北欧デコ・アイデアブック」「パリ デコ・アイデアブック」などがあります。ジュウ・ドゥ・ポゥムの詳しい情報は、www.paumes.comをご覧ください。

また、アーティストの作品に直接触れてもらうスペースとして生まれた「ギャラリー・ドゥー・ディマンシュ」は、インテリア雑貨や絵本、アクセサリーなど、アーティストの作品をセレクトしたギャラリーショップ。ギャラリースペースで行われる展示会も、さまざまなアーティストとの出会いの場として好評です。ショップの情報は、www.2dimanche.comをご覧ください。

BE CREATIVE WITH FAMILLE SUMMERBELLE
ファミーユ・サマーベルのパリの暮らしと手づくりと

2012 年 8 月 31 日 初版第 1 刷発行

著者：ジュウ・ドゥ・ポゥム

発行人：徳吉 久、下地 文恵
発行所：有限会社ジュウ・ドゥ・ポゥム
　　　　〒150-0001 東京都渋谷区神宮前 3-5-6
　　　　編集部 TEL / 03-5413-5541
　　　　www.paumes.com

発売元：株式会社 主婦の友社
　　　　〒101-8911 東京都千代田区神田駿河台 2-9
　　　　販売部 TEL / 03-5280-7551

印刷製本：マコト印刷株式会社

Photos © Hisashi Tokuyoshi
© édition PAUMES 2012 Printed in Japan
ISBN978-4-07-285103-6

[R]＜日本複写権センター委託出版物＞
本書(誌)を無断で複写複製(電子化を含む)することは、著作権法上の例外を除き、禁じられています。本書(誌)をコピーされる場合は、事前に日本複写権センター(JRRC)の許諾を受けてください。
また本書を代行業者等の第三者に依頼してスキャンやデジタル化することは、たとえ個人や家庭内での利用であっても、一切認められておりません。
日本複写権センター(JRRC)
http://www.jrrc.or.jp　eメール：info@jrrc.or.jp　電話：03-3401-2382

＊乱丁本、落丁本はおとりかえします。お買い求めの書店か、
　主婦の友社 販売部 03-5280-7551 にご連絡下さい。
＊記事内容に関する場合はジュウ・ドゥ・ポゥム 03-5413-5541 まで。
＊主婦の友発売の書籍・ムックのご注文はお近くの書店か、
　コールセンター 049-259-1236 まで。主婦の友社ホームページ
　http://www.shufunotomo.co.jp/ からもお申込できます。

ジュウ・ドゥ・ポゥムのクリエーションシリーズ
www.paumes.com

パリのアーティストたちの素敵な暮らしを、もっと身近に

あこがれのパリのインテリア、その「素敵」の秘密は？
アーティストとして活躍する、パリジェンヌたちの
アイデアがちりばめられた、アパルトマンへようこそ。

Paris Deco Ideas
パリ デコ・アイデアブック

おうちを、パリ・スタイルに楽しくデコしよう！
イマジネーション広がる、小さなインテリア写真集

著者：ジュウ・ドゥ・ポゥム
ISBN コード：978-4-07-283452-7
判型：170×150mm
本文128ページ・オールカラー
本体価格：1,800円（税別）

Paris Family Style
パリのファミリースタイル

ファミーユ・サマーベル家も登場しています
子どもも大人も笑顔あふれる、21軒のおうち

著者：ジュウ・ドゥ・ポゥム
ISBN コード：978-4-07-271555-0
判型：A5・本文128ページ・
オールカラー
本体価格：1,800円（税別）

Chambres d'Enfants à Paris
ようこそパリの子ども部屋

子どもたちはみんな、小さなアーティスト
子ども部屋は、愛情いっぱいのアトリエです

著者：ジュウ・ドゥ・ポゥム
ISBN コード：978-4-07-248674-0
判型：A5・本文128ページ・
オールカラー
本体価格：1,800円（税別）

Girls Fashion Style Paris
パリ おしゃれガールズ スタイル

ファッションも、インテリアも、おしゃれに！
パリのモード界で活躍する女性クリエーター17人

著者：ジュウ・ドゥ・ポゥム
ISBN コード：978-4-07-274849-7
判型：A5・本文128ページ・
オールカラー
本体価格：1,800円（税別）

ご注文はお近くの書店、または主婦の友社コールセンター(049-259-1236)まで。
主婦の友ホームページ(http://www.shufunotomo.co.jp/)からもお申込できます。